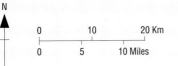

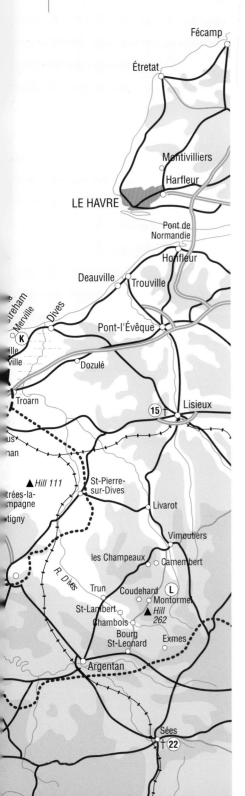

IL D-DAY E LA BATTAGLIA DI NORMANDIA 1944

N el 1940, poco dopo il ritiro quasi miracoloso del corpo di spedizione britannico da Dunkerque che lasciava in mano tedesca la Francia e l'Europa settentrionale, Churchill istituì lo stato maggiore delle operazioni combinate, per intraprendere i preparativi di invasione dell'Europa. Da qui ebbe origine quella che quattro anni dopo doveva diventare, per complessità e coordinamento, un'impresa senza precedenti nella storia della guerra, determinante per la sconfitta di Hitler.

Hitler aveva consolidato la difesa dei territori conquistati in Europa e nel marzo 1942 aveva richiamato il feldmaresciallo von Rundstedt, già collocato a riposo, affidandogliene il comando. L'esperimento fallito dello sbarco alleato e il raid di Dieppe nell'agosto successivo rafforzarono, a torto, la convinzione dei tedeschi che le massicce difese costiere fossero il mezzo più sicuro per respingere un'invasione: continuarono a costruire il vallo atlantico, una serie di batterie fortificate in calcestruzzo e di ostacoli lungo la costa,

che avrebbe dovuto estendersi dai Paesi Bassi alla Bretagna.

Il sacrificio dei canadesi a Dieppe – meno di un terzo fece ritorno in Inghilterra – non era stato compiuto invano. Gli alleati impararono da esso lezioni di importanza capitale: era essenziale rifornire gli invasori di viveri, munizioni, armamenti e rinforzi, ma un attacco frontale a un porto come quello di Dieppe sarebbe stato un suicidio. Nacque così la decisione "ci portiamo il porto con noi": costruire cioè porti artificiali e aggirare le installazioni di difesa fisse.

La scelta della località dove effettuare l'invasione era di cruciale importanza e la regione del Pas-de-Calais poteva sembrare la più propizia: traversata breve, accesso diretto in Germania e basi aeree inglesi vicine. Le difese più imponenti dei tedeschi erano qui e proprio qui furono ingannati con l'operazione FORTITUDE. Credendo che ci fosse un enorme esercito in assetto di guerra stanziato nel sudest dell'Inghilterra, metà delle truppe tedesche

QUI SOTTO: Le truppe americane pronte per l'invasione della Francia. Nel sud e nel sudovest dell'Inghilterra le scorte di armamenti esistevano davvero, mentre nel sudest falsi carri armati e autocarri servirono a dare l'impressione di preparativi per l'invasione del Pas-de-Calais. (IWM)

PAGINA SEGUENTE IN ALTO: Dal pannello a ricamo Overlord nel D-Day Museum di Portsmouth: re Giorgio VI e, da sinistra a destra, il generale Eisenhower, il generale Bernard Law Montgomery, comandante del 21° gruppo d'armata, il feldmaresciallo Alan Brooke, capo dello stato maggiore imperiale, e il Primo ministro Winston Churchill. La scena ricorda tre visite in Normandia: quella di Churchill e Brooke il 12 giugno, quella di Eisenhower il 15 giugno, e quella del re il 16 giugno. (D-Day Museum)

A DESTRA: Il generale Eisenhower, comandante supremo degli eserciti alleati in Europa. (NA)

SOTTO: Il feldmaresciallo Rommel (a destra) comandante del gruppo d'armata B e il feldmaresciallo von Rundstedt (a sinistra) comandante supremo del fronte occidentale. La diffidenza e le intromissioni di Hitler ridussero all'impotenza i generali successivi. (B)

rimasero ad aspettare la 'vera' invasione per diverse settimane dopo lo sbarco in Normandia.

Gli strateghi raccolsero tutte le informazioni possibili sia sul vero obiettivo, le spiagge della Normandia fra Caen e la penisola del Cotentin, sia su quello falso, servendosi della fotografia aerea, di atterraggi clandestini e di dati forniti dalla resistenza francese. Si elaborarono apparecchiature speciali per lo sbarco. Tutte le forze in Inghilterra furono riunite sotto il comando supremo del generale Eisenhower: 20 divisioni americane, 14 inglesi, 3 canadesi, una francese e una polacca, con quasi 8.000 aerei, oltre 4.000 tra navi e mezzi da sbarco e quasi 300 navi da guerra. In tutto 2.876.439 uomini.

Il piano del generale Montgomery, comandante supremo dell'esercito, era di assicurare, con l'operazione OVERLORD, il fianco orientale lungo l'Orne comprese Caen e Falaise, nelle prime tre settimane della spedizione, con truppe britanniche, canadesi, francesi e polacche. Intanto le truppe del comandante americano Bradley avrebbero preso la penisola del Cotentin e, liberata Cherbourg che avrebbe funzionato da porto per i rifornimenti, sarebbero avanzate a sud fino alla Loira. Poi tutte le forze si sarebbero riunite per dirigersi a est, verso Parigi e la Senna.

Non c'è da sorprendersi se le cose andarono diversamente: non si poteva pretendere la collaborazione nemica all'attuazione dei piani alleati! La difesa tedesca, sotto il comando di Rommel, dominata dal criterio rigido e assurdo di Hitler di non concedere nulla, impose una guerra di logoramento con paurose battaglie. Intanto Montgomery sapeva di non avere riserve di uomini su cui contare.

QUI SOPRA: Giorno di mercato a Sainte-Mère-Eglise. Un'immagine tranquilla su cui pesa l'ombra del ricordo del dramma che si svolse nelle prime ore del mattino del 6 giugno 1944: dal campanile della chiesa pende l'effigie di un paracadutista americano.

La cittadina di Sainte-Mère-Eglise è sul crinale su cui passa la strada che va da Cherbourg a Carentan. In direzione del mare, a est, si vedono le paludi costiere subito dietro le dune e a ovest la valle del Merderet, un affluente del Douve. Le paludi e le valli erano state allagate dai tedeschi e quindi bisognava assicurarsi il crinale e la strada rialzata attraverso le paludi per permettere alle truppe dirette a Utah Beach di sbarcare e inoltrarsi nell'entroterra. Poco dopo l'una e trenta del mattino del 6 giugno gli uomini dell'82ª e della 101ª divisione americana cominciarono i lanci.

Gli aerei e gli alianti provenienti dalla direzione delle Isole del Canale attra- versarono dense nuvole, diretti a est. Le formazioni vennero bersagliate da attacchi continui di fuoco di artiglieria contraerea e poiché la navigazione aerea era poco precisa e c'era il timore di oltrepassare il bersaglio e di sganciare truppe in mare, i lanci furono molto sparpagliati. Molti persero la vita senza sparare un colpo, annegando nelle paludi o nelle zone allagate. I paracadutisti del 505º reggimento di fanteria dell'82ª divisione atterrarono vicino a Sainte-Mère-Eglise, e taluni addirittura nella piazza, dove gli abitanti stavano passandosi secchi d'acqua per estinguere un incendio. Molti vennero colpiti mentre scendevano e John Steele si ritrovò appeso al campanile della chiesa, a doversi fingere morto per salvarsi la vita. I suoi compagni, atterrati sani e salvi poco a ovest, entrarono nel paese silenziosamente e presero i tedeschi di sorpresa: alle 4.30 il paese era liberato.

Altrove le truppe per riconoscersi al buio facevano crocchiare dei grilli-giocattolo. Si riunirono in improvvisate unità d'assalto e attaccarono il nemico: la sorpresa fu pressoché completa.

Più a sud e più vicino alle spiagge, nei pressi di Sainte-Marie-du-Mont, il lancio era stato ancora più sparpagliato. Il generale Taylor si trovò solo e impiegò del tempo per riprendere contatto con sufficienti uomini della 101ª divisione e iniziare le operazioni per assicurarsi la strada rialzata che dalle spiagge portava all'entroterra. Nonostante l'imprecisione del lancio, la missione era compiuta.

A SINISTRA: Particolare di una finestra commemorativa della chiesa.

A DESTRA: Le larghe strisce bianche sulla fusoliera dell'aereo usato per rimorchiare gli alianti degli invasori erano state aggiunte per aiutare i caccia alleati a riconoscerli. Questo aereo fa parte della magnifica esposizione al museo degli aeromobili di Sainte-Mère-Eglise.

'Hobart's Funnies'

I carri armati con modifiche speciali furono essenziali per lo sbarco in Normandia. Furono chiamati 'Hobart's Funnies,' i bizzarri di Hobart' dal nome dal generale di divisione sotto cui vennero costruiti. C'erano 'Crabs' (granchi), muniti di bracci mobili per far esplodere le mine, 'Crocodiles' (coccodrilli), lanciafiamme semoventi, 'Petards' (petardi) con mortaio da 290 mm per il lancio di bombe da 18 kg per distruggere fortificazioni e gli AVRE (Armoured Vehicle Royal Engineers), forniti di vari dispositivi, come l'attrezzatura per costruire ponti o enormi fasci di legname per riempire buche anticarro (v. pag.15). I più sorprendenti erano forse i D-D, gli Sherman Duplex Drive M4, dotati di eliche e capaci di operazioni anfibie. Una gonna di canapa, montata su un telaio metallico, veniva sollevata da 36 tubi gonfiabili.

Nella foto più grande un'esercitazione di D-D. Un carro è nascosto dallo scafo di canapa, gli altri lo hanno abbassato. Nella foto più piccola un carro armato entra in acqua da un mezzo da sbarco. Si vede che con il mare mosso verrebbe sommerso prima di aver raggiunto la fine della rampa. Il tempo burrascoso dei primi di giugno fece affondare molti D-D con gravi perdite di vite umane.

(Foto per gentile concessione del Tank Museum)

6   Utah Beach and Pointe du Hoc

A DESTRA: Le truppe americane sbarcano a Utah Beach. La debole resistenza tedesca fu presto sopraffatta, il mare era calmo. Un inizio tranquillo seguito da combattimenti che misero a durissima prova i soldati americani. (TM)

QUI SOPRA: Le strade oltre la spiaggia portano il nome di coloro che dettero la vita per liberare queste terre.

NELL'ALTRA PAGINA, IN ALTO: Rovine di una casamatta sulle dune, nei pressi del punto prestabilito per lo sbarco a Utah Beach; il grosso dell'esercito sbarcò invece più a sud. Oltre le dune si stendono pascoli acquitrinosi solcati da canali, con poche strade rialzate che li attraversano. Le truppe aerotrasportate riuscirono ad assicurarsele, come era nei piani, per permettere agli invasori di guadagnare l'entroterra.

Nella prima settimana di giugno le condizioni del tempo nel canale della Manica erano così avverse che il quartier generale tedesco non riteneva possibile l'invasione e, in verità, Eisenhower rimandò di 24 ore l'attacco. Poco prima dell'alba del 6 giugno la difesa tedesca di Utah Beach fu messa in stato di allarme dal massiccio bombardamento delle corazzate che accompagnavano gli invasori. Qui i mezzi da sbarco erano riparati dal mare grosso: in acqua da più di due ore, percorrevano lentamente i 18 km verso l'obiettivo stabilito.

La quantità delle imbarcazioni lasciò i difensori sbalorditi e il contrattacco fu debole, con sollievo delle truppe in stato di tensione sui mezzi da sbarco: per molti era la prima azione di guerra. Temendo la Luftwaffe, aspettavano i bombardieri in picchiata, ma il cielo era sgombro. I tedeschi non fecero nulla per contrastare la supremazia aerea alleata, qui o altrove.

Man mano che si avvicinavano alla spiaggia, il generale di brigata Theodore Roosvelt Junior si rese conto che la marea li stava portando più a sud del punto stabilito, ma decise di continuare e la fortuna fu dalla sua perché quella parte di costa era molto meno difesa di quella dove avrebbero dovuto approdare. Guadagnata la spiaggia e ricongiunti

ben presto ai mezzi anfibi, gli americani si spinsero subito nell'entroterra, mentre l'artiglieria tedesca della batteria Crisbecq era occupata nello scontro a fuoco con la marina da guerra. In quella giornata sbarcarono 23.000 uomini, e le vittime furono appena 200.

A est, a Pointe du Hoc, una batteria da sei pezzi minacciava sia Utah che Omaha Beach, oltre che la flotta degli invasori. Il compito di neutralizzare questo pericolo spettava al 2º battaglione di truppe d'assalto americane, i Rangers, al comando del tenente colonnello Rudder. Pointe du Hoc è uno dei due gruppi di falesie che sporgono nel mare a ovest di Omaha Beach. Rudder, tra gli spruzzi e la prima fioca luce di quell'alba di giugno, si accorse di stare andando verso l'altro, Pointe de la Percée.

Cambiata rotta, i Rangers arrivarono a terra come poterono dai loro mezzi ormai praticamente sommersi, tre dei quali erano già affondati: si ritrovarono a circa 450 metri a est dell'obiettivo. Il tentativo di usare scale montate sui mezzi anfibi (DUKW) fallì, per via delle cavità sulla spiaggia prodotte dalle granate e i raffi che cercavano di lanciare sulle falesie venivano ributtati indietro dalle corde inzuppate d'acqua. La falesia andava scalata

nonostante il fuoco nemico e le bombe a mano lanciate dall'alto sugli attaccanti.

Un' incursione di bombardieri fece correre al riparo i tedeschi, e lì rimasero grazie al fuoco delle corazzate al largo. Questo permise ai Rangers di scalare la falesia e di invadere la postazione: non vi trovarono nessun pezzo di artiglieria.

Rudder fece avanzare in fretta i suoi uomini nell'entroterra in cerca delle armi: le trovò nascoste in un frutteto vicino alla strada costiera principale e le fece distruggere. A questo punto aveva già perso il quindici per cento dei 225 uomini sbarcati, ma la prova più ardua doveva

QUI SOPRA: Il cimitero tedesco a La Cambe.

A DESTRA: In cima alla falesia di Pointe du Hoc su una piazzola conquistata dai Rangers si erge il cippo austero in memoria del loro eroico sacrificio. In questo straordinario teatro di battaglia sorge oggi un nuovo moderno centro per visitatori.

ancora venire. I tedeschi contrattaccarono, facendoli arretrare fino a 180 metri dall'orlo del precipizio della falesia e i bombardieri e l'artiglieria della marina alleati che avevano il compito di fiancheggiarli fecero altre vittime.

Furono liberati solo dopo due giorni l'8 giugno a mezzogiorno, dall'arrivo delle truppe che combattendo si erano fatte strada da Omaha Beach: il sessanta per cento di loro aveva ormai perso la vita.

ifficile immaginare un contrasto maggiore fra l'esperienza delle truppe sbarcate a Utah Beach e a Omaha Beach. Questo punto della costa non era riparato dal mare grosso e inoltre le forze che gli invasori si trovarono ad affrontare qui erano ben altre. All'insaputa degli alleati, la 716ª divisione di difesa costiera non era la sola a proteggere questo litorale. C'era anche la 352ª divisione di fanteria in esercitazione militare che raddoppiava le forze nemiche. La costa stessa era un ostacolo formidabile: dietro le spiagge sabbiose si ergevano falesie alte 30 metri, con solo cinque piccole gole attraverso cui poter penetrare nell'entroterra.

Il primo errore fu di cominciare la manovra di avvicinamento a troppa distanza dalla costa, quasi 19 km e non gli 11 stabiliti dai britannici. Molti mezzi da sbarco furono sopraffatti dal mare grosso

QUI SOPRA: Lo "Spirito della gioventù americana" a guardia del vasto cimitero a Saint-Laurent-sur-Mer sopra Omaha Beach.

A DESTRA: Omaha Beach da una postazione di artiglieria. Le truppe da sbarco si trovarono sotto il fuoco micidiale di postazioni come questa. Sulla spiaggia un cassone insabbiato del distrutto porto Mulberry fa da fondazione a terra a un moderno pontile.

e quelli che riuscirono a guadagnare terra alle 6.30 erano in mare da ben tre ore. Dei 32 D-D che avevano preso il mare a 5 chilometri dalla costa, 27 affondarono. Le onde portarono fuori rotta la maggior parte dei genieri il cui compito era di sgomberare gli ostacoli. I pezzi di artiglieria caricati sui DUKW li fecero capovolgere e vennero perduti. Quando i sopravvissuti della prima ondata si avvicinarono alla spiaggia, a coprirli c'era il cannoneggiamento delle navi alleate, ma nel preciso istante in cui si abbassarono le rampe, i difensori aprirono il fuoco con estrema e letale precisione. I bunker, costruiti con la massa di calcestruzzo verso il mare e le aperture delle bocche da fuoco verso i 6 km di spiaggia, erano ben protetti e disposti in modo perfetto per colpire d'infilata le truppe che lottavano contro le onde e che poi tentavano di traversare i 90 metri di sabbia. Il risultato, per i coraggiosi ma inesperti americani, fu micidiale.

Nello scompiglio di mezzi da sbarco affondati, veicoli in fiamme, corpi di morti e feriti, anche le ondate successive subirono la stessa sorte. A mezzogiorno la 1ª e la 29ª divisione di fanteria erano ancora immobilizzate sulla spiaggia e il generale di corpo d'armata Bradley pensò

seriamente di farli evacuare.

'Chiunque mise piede quel giorno su Omaha Beach fu un eroe', dichiarò in seguito Bradley. Fu l'eroismo di piccoli gruppi e di singoli individui a salvare la situazione disperata . Una compagnia di Rangers che avrebbe dovuto fare da rinforzo alle truppe a Pointe-du-Hoc riuscì, con gravi perdite, ad arrivare ai piedi delle falesie occidentali e ad avanzare abbattendo bunker dopo bunker. Il generale di brigata Cota della 29ª divisione si spostava tra i suoi uomini per incitarli come se per magia fosse diventato invulnerabile e lo stesso fece il tenente colonnello Taylor. Pian piano le posizioni tedesche vennero prese e la poderosità delle forze americane cominciò a farsi sentire.

L'iniziale successo nemico cominciò a venir meno. Le truppe di riserva tedesche erano impegnate nell'entroterra nella vana ricerca di paracadutisti avvistati in discesa prima dell'alba: quelli lanciati erano infatti dei pupazzi. A sera gli americani, conquistate le falesie, risalivano in massa attraverso le piccole gole per formare una testa di ponte di poco più di un chilometro. Non molto, forse, ma era pur sempre una testa di ponte. Era costata più di 3.000 uomini.

SOTTO IL TITOLO: Il fotografo americano Robert Capa, sbarcato insieme alle truppe sotto l'intenso fuoco nemico nelle prime ore del 6 giugno, ne documentò la lotta per mettersi in salvo, col mare grosso e tra ostacoli che offrivano solo un futile riparo. (Magnum)

QUI A LATO: Dalle trincee in cima alla falesia i difensori dominavano la spiaggia. (IWM)

I lanci dei paracadutisti britannici

SOPRA: Il monumento ai caduti di Les Bois des Monts e di Château St Côme. Ridotto a soli 85 uomini, il 9° battaglione paracadutisti ricevette qui, il 7 giugno, l'ordine di resistere ad ogni costo. Con l'aggiunta di rinforzi il numero salì a 270, ma era pur sempre di quattro volte inferiore a quello dei nemici. Resistettero.

A DESTRA: Aprile 1944. Esercitazione di truppe aerotrasportate. (IWM)

Sword Beach, il fianco sinistro dello sbarco, si trova sull'Orne che, traversata Caen, dopo 16 km sfocia in mare a Ouistreham. Lo affianca il canale omonimo che può portare naviglio d'alto mare. A est un crinale separa la valle da quella del Dives. I tedeschi avevano fatto straripare il Dives e gli inglesi miravano ad assicurarsi il crinale e a far saltare i ponti sui terreni allagati per creare un fossato di protezione contro gli attacchi da est, ma per appoggiare le truppe paracadutate i ponti sull'Orne dovevano restare indenni. Il ponte issabile sul canale a Benouville e il suo gemello sul fiume erano difesi: era essenziale un attacco di sorpresa. Se ne occuparono gli aliantisti della fanteria leggera dell'Oxfordshire e Buckinghamshire al comando del maggiore Howard. Decollati dall'Inghilterra poco prima delle 23 del 5 giugno, circa un'ora dopo si sganciarono per planare verso l'obiettivo. L'aliante di testa si fermò dopo vari urti e sobbalzi esattamente nel punto previsto, a soli 45 metri dal ponte sul canale, gli altri due lo seguirono a breve distanza. Howard racconta che la sua prima sensazione fu di non vederci più. Che fosse diventato cieco? Con grande sollievo si accorse che gli era calato sugli occhi l'elmetto! Lo sollevò e guardò l'orologio: si era fermato e segnava 16 minuti dopo la mezzanotte.

Gli uomini dell'Ox & Bucks presero il ponte dopo un veloce combattimento (con gran gioia della famiglia Gondrée nel caffè al di là del canale). Entro pochi minuti i due primi obiettivi del D-Day, cioè quel ponte che da allora fu chiamato Pegasus Bridge e il ponte sul fiume preso da un altro gruppo di truppe trasportate dagli alianti, erano in mano britannica.

NELL'ALTRA PAGINA, IN ALTO: Nel gruppo animato di gente fuori dal Café Gondrée si riconoscono dai berretti rossi i veterani delle truppe aerotrasportate. Sulla sponda opposta del canale sorge il Musée Mémorial du Pont Pégasus, dedicato alla loro memoria.

QUI A SINISTRA: 8 giugno 1944. Due alianti del maggiore Howard a Pegasus Bridge. (IWM)

A DESTRA: Il cimitero britannico a Ranville. Nel cimitero della vicina chiesa è sepolto il primo inglese caduto nell'invasione, il tenente Den Brotheridge, che fu ucciso a Pegasus Bridge.

A Merville, sulla punta nord del crinale, la ricognizione alleata aveva notato la presenza di una grossa batteria che doveva avere quattro cannoni da 150 mm e minacciava Sword Beach. Tra i due reticolati concentrici di filo spinato che la

A SINISTRA: Il fiume Dives scorre lentamente tra i campi paludosi allagati dai tedeschi presso Troarn. Il maggiore Roseveare e una squadra composta da un ufficiale e **sette genieri con grande audacia attraversarono su una jeep la città a gran velocità e fecero saltare il ponte qui vicino, creando un fossato di protezione sul fianco orientale.**

circondavano c'era un campo minato. Il compito di metterla fuori uso toccò al 9º battaglione paracadutisti al comando del tenente colonnello Otway. L'azione doveva essere compiuta dopo un'incursione aerea alle 3 del mattino e prima che la nave da guerra Arethusa, in caso di mancata segnalazione del buon fine dell'operazione, cominciasse a bombardare alle 5.30. Dovevano lanciarsi 550 paracadutisti, poi tre alianti con altri 60 uomini dovevano atterrare entro il perimetro al momento dell'attacco. Di fatto Otway si ritrovò con soli 150 uomini, senza apparecchiature per il rilevamento mine, cannoni anticarro o mortai, né genieri, segnalatori o membri del corpo della sanità: aveva solo una mitragliatrice. Passò un unico aliante che, mancando i segnali per l'atterraggio, sorvolò la posizione. Otway avanzò aprendosi dei varchi nel filo spinato con tubi esplosivi (Bangalore torpedo) e, con la perdita impressionante di quasi la metà degli uomini, raggiunse l'obiettivo in tempo. I cannoni trovati risultarono essere dei vecchi obici cecoslovacchi.

Non ci furono contrattacchi tedeschi in forza. L'invasione era inaspettata, Rommel era in Germania e inoltre, grazie a una divisione di poteri degli organi di comando dimostratasi fatale, lo spiegamento delle divisioni corazzate dipendeva da Berlino. Le truppe aerotrasportate in difficoltà furono ben presto raggiunte dai rinforzi del 6º commando di lord Lovat, dal 1º commando francese di Kieffer e da altri reggimenti che erano riusciti a districarsi dall'ingorgo di Sword Beach. Stabilito così il fianco orientale, potevano ora iniziare le operazioni per prendere Caen.

QUI A LATO: Giugno 1993. Vicino al punto che segna il suo atterraggio con il primo aliante, Wally Parr (con il braccio alzato) spiega, con il suo commilitone Charlie Gardner (a sinistra), come venne preso Pegasus Bridge. Ora il ponte è stato rimosso: quello che sorge al suo posto è una copia, mentre l'originale che si vede qui è conservato all'esterno del vicino museo.

SOPRA: Il monumento al comandante Kieffer del I° commando francese a Sword Beach, Ouistreham.

T utta la notte tra il 5 e il 6 giugno si susseguirono le incursioni dei bombardieri della RAF sulle difese costiere. All'alba iniziarono quelle americane mentre le navi da guerra appoggiavano la flotta in avvicinamento con le salve dei cannoni. Alle 7.25, in perfetto orario, i primi carri armati sbarcarono a Sword Beach e intrapresero le operazioni di sgombro. Gli Hobart's Funnies si misero all'opera: i bracci dei Crab liberarono i terreni minati, i Crocodile sputarono fuoco dai lanciafiamme, l'artiglieria pesante dei Petard attaccò le postazioni difensive di calcestruzzo.

Malgrado le perdite di uomini e di mezzi, gli sbarchi avvennero secondo i piani, ma con il passar del giorno la marea raggiunse un'ampiezza superiore al previsto: le tempeste dei giorni prima ammassavano nella Manica le acque dell'Atlantico. La larghezza della spiaggia dai 27 metri previsti si ridusse a 9, ma i mezzi continuarono inesorabilmente a sbarcare: si formò un serio ingorgo che impedì ai mezzi corazzati e alla fanteria di inoltrarsi subito nell'interno. E la risposta dei tedeschi, tarda all'inizio, stava per arrivare con le divisioni panzer.

Nell'interno, a un chilometro e mezzo dalla spiaggia, corre un lungo crinale che a sud forma il fianco della valle dell'Orne mentre a est sovrasta il fiume Seulles dietro Juno Beach. Non molto alto, offre però un'ampia vista sulle spiagge degli

sbarchi. Su di esso c'erano una stazione radar con notevoli fortificazioni a Douvres e i forti Morris e Hillman a est, vicino a Colleville. L'avanzata su Caen doveva passare lungo la strada dominata dall'Hillman, quartier generale delle forze costiere tedesche. Il reggimento Suffolk, pur senza l'aiuto dell'artiglieria navale (l'ufficiale di collegamento era stato ucciso) e con quello dei carri armati solo nel pomeriggio, riuscì alla fine, bunker dopo bunker, a superare l'ostacolo.

Ma la puntata su Caen fallì. Il 2° battaglione inglese di fanteria leggera Shropshire fece più di quanto ci si potesse aspettare senza l'appoggio necessario

dell'artiglieria e dei carri armati, ma venne fermato a Lebisey, a soli 4 km da Caen. Alla fine della giornata i britannici erano attestati sulla spiaggia, ma separati dai canadesi a ovest da un vuoto che veniva ora riempito dalla 21ª divisione panzer, mentre nei dintorni c'erano molte sacche nemiche che ancora offrivano ferma resistenza.

Su Juno Beach l'ampiezza della marea fu un fattore positivo perché sommerse presto le secche subito al largo della costa, un potenziale ostacolo all'avvicinamento, ma anche negativo perché i mezzi da sbarco canadesi furono a riva più in fretta del previsto. La fanteria arrivò prima dei mezzi corazzati e i mezzi cozzarono l'uno contro l'altro e contro gli Hedgehogs (porcospini), delle piramidi di puntoni d'acciaio su cui erano fissate le mine, eretti

su tutte le spiagge come deterrenti e letali per gli invasori. Se affioravano potevano essere evitati e neutralizzati, sommersi erano un pericolo mortale. I D-D ebbero buona sorte all'estremità ovest della spiaggia, che era più riparata, e appoggiarono la fanteria nei combattimenti per le strade delle cittadine costiere.

Luc-sur-Mer era al confine fra Sword e Juno e la 21ª divisione panzer al contrattacco riuscì a penetrare fin qui, dove i tedeschi mantenevano le posizioni, ma l'arrivo del 46º commando della marina britannica la mattina dopo pose fine a tutti i piani tedeschi di consolidare la presa sulla zona che separava i britannici dai canadesi.

A Bernières il mare in burrasca non permise di utilizzare i D-D e i fucilieri canadesi del reggimento Regina subirono ingenti perdite nello scontro con il grande complesso di casematte. Arrivò a dare appoggio con l'artiglieria contraerea una nave che era ormai quasi arenata e con questo vennero sopraffatte le difese. Il reggimento de la Chaudière sbarcò subito dopo, ma fu poi impedito nell'entroterra e le successive ondate di mezzi da sbarco produssero un altro grande ammasso di uomini e di macchine. Fino a metà pomeriggio lo sbarco fu inefficiente e questo significò che le forze in avanzata vennero a mancare dell'appoggio di cui avevano bisogno.

La 9ª brigata, seguendo e poi superando le truppe sbarcate, doveva portarsi a sud e a est fino al campo di aviazione di Carpiquet, poco a sudovest di Caen. Quel giorno riuscì ad arrivare a 6 km dall'obiettivo, ma con forze insufficienti a resistere ai contrattacchi tedeschi. Del campo di aviazione si impadronì soltanto il 9 luglio, 5 settimane più tardi.

A SINISTRA: Il cimitero canadese a Bény-sur-Mer, sulle colline che sovrastano Juno Beach.

QUI SOPRA: I cippi in memoria del 1º reggimento canadese scozzese e del reggimento Regina ai lati dell'ingresso al Nan Sector di Juno Beach a Courseulles-sur-Mer.

IN ALTO, A DESTRA: Il bunker di Sword Beach, che oggi ospita il Musée du Mur de l'Atlantique, com'era il 6 giugno 1944.

14   Gold Beach e il porto Mulberry

Gold Beach, la spiaggia più occidentale del settore britannico, andava da La Rivière al confine con Juno fino a Le Hamel, sopra le cui falesie c'è St Côme. Dietro la prima insenatura c'è Arromanches e poi, in una stretta gola, Port-en-Bessin, inizio del settore americano. Sulla falesia fra i due settori c'era la batteria di quattro cannoni di Le Chaos vicino a Longues, con cannoni antiaerei, riflettori e bunker-osservatorio. All'alba la nave da guerra *Ajax*

poi la 151ª brigata, con l'ordine di dirigersi a Bayeux. La sera erano già alla periferia della città e la presero il giorno dopo. Il 14 giugno a Bayeux il generale de Gaulle nominò il signor Triboulet sottoprefetto: fu il primo atto esecutivo del governo provvisorio francese.

Ad Arromanches fu installato uno dei due porti Mulberry. Sul litorale si disposero scafi di navi pieni di calcestruzzo, le 'Gooseberries', per fare da frangiflutti, ma

SOTTO: Il porto Mulberry ad Arromanches nel 1944, pieno di forze navali (IWM) e più sotto la costa com'è ora. Si possono vedere ancora relitti di cassoni galleggianti e pontoni.

ridusse al silenzio la potenziale minaccia. Al cannone ripristinato nel pomeriggio ci pensò l'incrociatore francese *Georges Leygues*.

Le cattive condizioni del tempo del 6 giugno qui furono pessime. Per non rischiare di mettere i D-D in acque così burrascose si decise di farli arrivare fino a riva sui mezzi da sbarco. Dietro la spiaggia il terreno era basso e acquitrinoso e gli Hobart's Funnies furono efficacissimi: sminarono e posarono ponti sui fossati per affrettare l'avanzata.

Non ci furono troppe difficoltà per gli sbarchi a La Rivière. Durante l'azione per abbattere la batteria di Mont Fleury che contrastava i Green Howards e spostarsi nell'interno, il sergente maggiore Hollis si guadagnò la massima onorificenza, la Victoria Cross, l'unica conferita per il D-Day. Da solo prese due casematte tedesche e più tardi salvò due dei suoi uomini, incurante del fuoco nemico. Sbarcò

QUI A DESTRA: Le lapidi del cimitero britannico di Ryes testimoniano il sacrificio degli uomini della marina mercantile e della RAF.

QUI SOTTO: I potenti cannoni navali da 152mm della batteria di Longues-sur-Mer.

NEL CENTRO: Alcuni 'Hobart's Funnies': due Sherman Crabs (granchi), con bracci per far saltare le mine, e un Churchill AVRE per la posa di ponti. (TM)

IN BASSO: Un pontile galleggiante ad Arromanches. (IWM)

il Mulberry era un autentico porto: entro l'arco delle Gooseberries vennero affondati nella sabbia dei cassoni di cemento che formavano una diga foranea. C'erano inoltre moli galleggianti e ponti di barche che permettevano di scaricare navi in qualsiasi fase della marea. Questi elementi erano stati prefabbricati in Inghilterra ed erano stati trasportati fin qui attraverso la Manica. L'operazione di assemblaggio iniziò il 9 giugno. Il 18 un grande arco di cassoni era già completamente sistemato. Ma il giorno dopo si levò una tempesta da nordest che continuò a soffiare per tre giorni: la costa rimase sottovento e questo fu fatale per le navi all'ancora. Il Mulberry di Omaha fu distrutto, quello di Arromanches subì gravi danni, il che ritardò l'arrivo degli approvvigionamenti. I resti dell'installazione, che era stata progettata per durare 100 giorni, si possono vedere ancor oggi.

A SINISTRA: Questo monumento dalla forma caratteristica fu eretto dal Comitato dello sbarco a ricordo del discorso pronunciato a Isigny il 14 giugno 1944 dal generale de Gaulle ai francesi liberati.

la testa di ponte da ulteriori attacchi da sud (non ce ne fu nessuno), per avanzare poi a nordovest verso Cherbourg.

La 4ª divisione di fanteria americana aveva già lasciato Utah Beach diretta a nord. Erano truppe inesperte e ne subirono le conseguenze: benché appoggiati da azioni aeree in cui furono usate anche bombe al napalm, 2.200 uomini persero la vita in una settimana. A ovest le valli dei fiumi, allagate o paludose, impedivano lo spiegamento dei carri armati, costretti a usare le strade. Il 'bocage', un mosaico di piccoli poderi chiusi, rappresentava in compenso un terreno ideale per la difesa che lo sfruttò alla perfezione, con abilità letale. Il grosso delle forze d'urto tedesche era impegnato a Caen e solo la 2ª divisione panzer fu rilasciata da Caumont per dirigersi verso la penisola.

Il 'bocage' fu per gli alleati un terreno disperatamente scoraggiante. Si trattava di poderi divisi da siepi e fossati, così antichi che gli argini arrivavano all'altezza della vita e perfino delle spalle. Anche dove non c'erano acquitrini i carri armati avevano difficoltà a muoversi liberamente e la fanteria doveva avenzare da sola siepe dopo siepe e campo dopo campo, senza poter vedere il nemico, esponendosi quindi inevitabilmente ai tiri fulminanti appena usciva allo scoperto. La lenta avanzata costò molte vite.

CENTRO PAGINA, FOTO PICCOLA: Il 'bocage', una campagna con siepi, boschi, piccoli campi e stradine strette, fu abilmente sfruttato dai difensori tedeschi.

Il giorno dopo lo spaventoso sbarco di Omaha Beach, a mezzogiorno, la 2ª divisione americana riuscì ad assicurare la testa di ponte, stabilì i contatti con gli alleati a est e intraprese l'avanzata verso l'interno e verso le altre forze americane a ovest. Prese La Cambe il giorno stesso e attraverso i terreni allagati e gli acquitrini dell'estuario del Douve, arrivò a circondare Carentan. Dalla base della penisola del Cotentin avanzava intanto la 101ª divisione aerotrasportata statunitense: truppe scelte che si distinguevano per energia e capacità superiori. Le due forze si incontrarono e, avendo debellato il 14 giugno il contrattacco della 17ª divisione panzer, si preoccuparono di difendere

Per impedire che ai difensori di Cherbourg arrivassero rinforzi, Bradley puntò verso la costa occidentale, dove l'82ª divisione aerotrasportata prese Saint-Sauveur-le-Vicomte il 16 giugno, e il 18 la 90ª divisione di fanteria si assicurò Barneville-sur-Mer. Il comandante tedesco von Schlieben riorganizzò le sue formazioni per poter resistere in profondità a circa 18 km da Cherbourg, ma fu tagliato fuori. Dal mare non potevano più arrivare

A SINISTRA: L'arrivo delle truppe americane nel paese devastato di St Gilles, vicino a St Lô. (Capa/Magnum)

NELL'ALTRA PAGINA, IN BASSO: Il generale di corpo d'armata von Schlieben e il contrammiraglio Hennecke, comandante della difesa costiera della Normandia, escono dal rifugio e si arrendono agli americani a Cherbourg. (IWM)

approvvigionamenti, il controllo dell'aria era in mano alleata, a terra gli americani, superiori per numero e mezzi, stringevano da ogni parte. Tuttavia i tedeschi combatterono con straordinaria forza e determinazione.

Il 22 giugno, in successive ondate, circa 1.000 aerei bombardarono senza tregua i difensori e il fuoco di sbarramento fu intenso. Alla fine le linee tedesche cedettero e le truppe in avanzata dovettero imparare in fretta le tecniche della guerriglia entrando in città. Il 26 giugno von Schlieben fu personalmente costretto ad arrendersi, ma la resistenza non cessò. Gli americani riuscirono a prendere il comando solo il 1 luglio. Le attrezzature del porto erano completamente distrutte. Si era pensato di poter scaricare qui 150.000 tonnellate di rifornimenti entro il 25 luglio, ma il porto fu rimesso in perfetta efficienza solo in settembre, quando ormai non ce n'era più bisogno.

L'obiettivo di Bradley nell'avanzata a sud era Coutances, ma, data la terribile lentezza con cui si progrediva su quel difficile terreno, decise di accontentarsi di St Lô e della strada che da lì porta a Périers. Il 3 luglio raggiunse Mont-Castre, a est di La-Haye-du-Puits e iniziò l'attacco il 7. Nei due giorni impiegati ad avanzare di 6 km, 2.000 americani persero la vita. Ugualmente terribile fu l'avvicinamento a St Lô. I tedeschi avevano ammassato qui quel che rimaneva dei panzer Lehr, ridotti a 66 dai 190 del combattimento contro gli inglesi a Tilly, ma vennero contrastati dall'artiglieria e dai cacciabombardieri. Dopo due settimane di combattimento ininterrotto, St Lô divenne il simbolo del sacrificio di tutti i soldati americani del 'bocage'. La sera del 18 luglio il 116º reggimento raggiungeva il nord della città e il 115º entrava da est portando il corpo del maggiore Howie, onorandone così il giuramento di arrivare a St Lô.

L'impresa era stata assai più lunga ed era costata molto più di quanto Bradley avesse previsto. Gli americani stavano scontando l'errore di aver trascurato la fanteria per formare compagnie scelte e unità speciali. Ma l'occasione per la fanteria sarebbe venuta ben presto: intorno a Caen le risorse tedesche si stavano rapidamente esaurendo.

SOTTO IL TITOLO: Gli abitanti di Tilly abbandonano le case. (IWM)

IN ALTO A DESTRA: Château de Creullet e le roulotte del 'Tac HQ', il quartier generale di Montgomery.

QUI SOPRA: Nel Jerusalem Cemetery, a nord di Tilly, è sepolto il soldato semplice J. Banks. Aveva 16 anni.

Mentre l'avanzata su Caen si era dovuta arrestare alle porte della città, Bayeux fu presa senza troppe difficoltà il 7 giugno. La 50ª divisione continuò a sud puntando su Tilly-sur-Seulles. Montgomery, nel quartier generale instaurato l'8 giugno presso Creully, capì che la presa di Caen con attacchi frontali sarebbe costata troppo. Notato un vuoto nelle difese tedesche, decise un attacco sul fianco ovest a Villers-Bocage e poi a Falaise.

Le truppe che si avvicinavano a Tilly si scontrarono con i panzer Lehr, appena arrivati da Chartres: malgrado gli attacchi aerei subiti sul percorso, questi si dimostrarono temibili avversari. I Panther, superiori per potenza di fuoco e corazza ai carri britannici, dettero prova di quelle qualità che furono la causa prima della lenta avanzata di tutta la campagna. Nell'azione il paese di Tilly fu ridotto a un cumulo di macerie.

Tentando di aggirare i tedeschi, la 7ª divisione corazzata (i famosi 'topi del deserto') si portò velocemente a ovest a Villers-Bocage, ma si trovò a dover fronteggiare dei nuovi arrivati: la 2ª divisione con gli ancor più poderosi Tiger. Sostando poco fuori dal paese la mattina del 13 giugno, i topi del deserto furono attaccati dal più temibile carrista tedesco di tutta la guerra, Michael Wittmann. I due Tiger insieme a lui impegnarono a fuoco i britannici, mentre Wittmann procedette fino a Villers-Bocage, distrusse i mezzi di trasporto che si trovavano nel paese, seminando scompiglio nell'intera formazione. Attaccò poi i carri armati, facendone completamente fuori altri sei prima di andarsene.

Interrotte le comunicazioni con le truppe che li precedevano, i comandanti britannici, credendo che lo schieramento tedesco si fosse richiuso, non mandarono rinforzi alle loro truppe avanzate. In realtà Rommel faticava a trovare unità sufficienti da immettere in quel punto per mantenere il fronte e saggiamente le concentrava nelle posizioni chiave. Il 15 giugno i britannici si ritirarono, perdendo così l'occasione di sfruttare i vuoti della linea difensiva. Pur essendo inferiori di numero i tedeschi mantenevano una linea esigua di posti di osservazione su tutto il fronte e spostavano i rinforzi a seconda degli attacchi alleati. Questo era un sistema di difesa che avrebbe potuto funzionare per un po', finché rimanevano abbastanza uomini e finché il comando restava nelle abili mani di Rommel.

La collina 112 a sudovest di Caen è un'altura a forma di cuneo da cui si domina la campagna circostante. È delimitata a sud dalla valle dell'Orne e a nord dalla stretta gola dell'Odon, oltre la quale è aperta campagna fino a Tilly. Alla fine di giugno questo fu il teatro di una battaglia di feroce intensità.

Il 25 a un intenso fuoco di sbarramento dell'esercito e della marina seguì un'avanzata che, per la testarda difesa della Hitlerjugend (la gioventù hitleriana) ricordò la prima guerra mondiale. Tra pioggia fuori stagione e fango la 15ª divisione scozzese sferrò l'attacco e il 26 gli Argyll e Southerland Highlanders presero il ponte di Tourmauville, permettendo all'11ª divisione corazzata di riversarsi sulla collina 112. Ne fu però respinta dalla 1ª divisione panzer SS. Fu preso anche il ponte di Gavrus prima di un disperato contrattacco da ovest. La 2ª divisione corazzata SS appena arrivata dal fronte orientale e la 9ª e 10ª divisione panzer SS minacciavano la linea da Gavrus a nord fino a Cheux, ma il 28 i tedeschi cedettero alla resistenza britannica, dimostratasi pari alla loro contro gli alleati più a sud.

Il punto d'appoggio a sud dell'Odon fu mantenuto e divenne teatro di azioni ostinate durate oltre un mese: la battaglia per la collina 112. Con l'operazione Jupiter la 43ª divisione Wessex fu incaricata il 10 luglio di sfondare qui le linee nemiche e raggiungere l'Orne. Anche questo fallì.

La fanteria leggera del duca di Cornovaglia subì pure gravi perdite. Queste truppe riuscirono bensì a trincerarsi sulla collina 112, ma alle unità dei granatieri SS vennero a dare appoggio i Tiger, che parevano invulnerabili, e che li costrinsero ad andarsene. All'inizio di agosto i combattimenti si spostarono a ovest e quando più tardi le truppe britanniche fecero il sopralluogo della parte tedesca della collina, trovarono un deserto di buche di granate e di cadaveri.

QUI SOPRA: 27 giugno. Un Panther in fiamme a Ceux. (IWM)

A LATO: Il monumento alla 43ª divisione Wessex presso la collina 112.

A DESTRA: Creullet, 12 giugno: Churchill e il feldmaresciallo Alan Brooke al quartier generale di Montgomery. (IWM)

F in dalla sera del D-Day, quando gli inglesi erano giunti a un passo dalla città, Caen era inafferrabile, ostinatamente in mano tedesca. Oltre Caen si apriva una vasta piana adatta a scatenare le divisioni corazzate in una veloce avanzata verso sud e a costruire basi aeree.

Mentre l'Odon tremava tra gli attacchi e i contrattacchi, il reggimento de la Chaudière e i fucilieri canadesi della Regina occuparono paese di Carpiquet, ma il campo di aviazione, difeso a oltranza dalla fanatica Hitlerjugend, fu preso solo il 9 luglio, ben quattro giorni dopo.

Il 6 luglio un'incursione aerea su Caen provocò un incendio che divampò per undici giorni e nella notte fra l'8 e il 9 luglio furono sganciate sulla città 2.500 tonnellate di bombe. I danni furono immensi. Gli abitanti sconvolti si rifugiavano dove potevano, ma 3.000 di essi persero la vita. I senzatetto che si erano rifugiati nell'Abbaye des Hommes rimasero miracolosamente illesi. La mattina del 9 luglio le truppe britanniche irruppero da nord, le canadesi da ovest, sotto il fuoco della 16ª divisione Luftwaffe e attraverso il caos e la carneficina prodotti dalle bombe. Nel primo pomeriggio la parte della città a nord del fiume era in mano alleata, ma i combattimenti per conquistare la sponda destra continuarono fino al 18 luglio.

SOPRA: St-Etienne vanta un antico legame con l'Inghilterra; questa è la tomba di Guglielmo il Conquistatore.

NELL'ALTRA PAGINA, SOTTO IL TITOLO: La chiesa di St-Etienne, Abbaye aux Hommes, rimasta illesa dai bombardamenti.

SOPRA: Montgomery portò Churchill a vedere di persona le rovine di Caen il 22 luglio 1944. (IWM)

SOPRA, NEL CENTRO: I commando avanzano su Caen passando per i boschi e al riparo delle siepi a nord della città. (IWM)

NELL'ALTRA PAGINA, IN BASSO: Le case in prossimità dell'Abbaye aux Hommes portano ancora i segni delle ferite della guerra.

A DESTRA: I danni al centro storico della città furono spaventosi e migliaia furono le vittime fra i civili francesi. (IWM)

Era già passato oltre un mese dallo sbarco alleato sulle coste della Normandia. Secondo i piani logistici dell'invasione, cioè predisporsi alle eventualità anziché fare previsioni sulle probabilità, la linea del fronte avrebbe ora dovuto comprendere tutta la penisola del Cotentin, essere ben avanti verso la Loira a sud e andare dall'Orne fino a Les Mans passando per Falaise e Argentan. Le istanze da parte dei politici per uno sfondamento clamoroso del fronte nemico si facevano sempre più intense e pressanti.

Essi non tenevano conto della caparbietà di Hitler, deciso a non concedere un solo palmo di terreno, né dell'assurdità dei suoi ordini di ricacciare gli alleati in mare, una condotta militare che costò enormi perdite di vite umane e di mezzi bellici. Ma ci fu un imprevedibile colpo di fortuna.

Rommel si spostava continuamente per mantenersi in diretto contatto con i suoi generali. Il 17 luglio sera tornava da Vimoutiers al suo quartier generale a La Roche-Guyon. Quasi arrivato, due Spitfire della RAF mitragliarono a volo radente la sua auto, nel paese dal fatidico nome di Sainte-Foy-de-Montgomery. Rommel, ferito gravemente, non partecipò più alla guerra.

La mattina del 18 i carri armati inglesi lasciata la testa di ponte orientale stabilita il 6 giugno si diressero a sud. Non era un segreto! Dietrich, comandante la 1a divisione panzer SS, disse di averli sentiti auscultando il terreno. Ma le spie tedesche erano a conoscenza del piano e una rete di

difese era già approntata in paesi e fattorie, anche con trincee per carri armati da usare come artiglieria.

Gli inglesi, attraverso i campi da loro stessi minati, passando su strette corsie che avevano sminato e con la fanteria appesa ai carri, avanzavano verso Cagny e la scarpata della ferrovia oltre la quale c'è il crinale di Bourguébus in aperta campagna. Poco prima di Cagny si trovarono sotto il fuoco di cannonieri di artiglieria contraerea da 88 mm, incitati a riconoscere il bersaglio a terra da un ufficiale tedesco che brandiva una pistola. I reparti corazzati britannici subirono perdite ingenti e pur avendo guadagnato le colline a sud di Caen, non ottennero lo sperato sfondamento del fronte nemico. Intanto i canadesi liberarono la parte meridionale di Caen e il 20 la linea del fronte si stabilì a sud della città.

SOPRA: 18 luglio. Un carro armato Sherman in azione avanza verso Cagny. (IWM)

SOTTO: Il crinale Bourguébus, l'ampia campagna aperta a sud di Caen e St Aignan vista dalla strada D80 nei pressi di Conteville. La prospettiva di poter impiegare i carri armati in formazioni veloci e di poter costruire campi di aviazione fece di questa zona un obiettivo molto desiderabile.

Con la presa di St Lô il 18 luglio, gli americani erano riusciti a formare un fronte da St Lô a Périers e, cosa ancor più importante, avevano anche neutralizzato il 2º corpo paracadutisti tedesco: le risorse nemiche erano impegnate a Caen e i tedeschi non avevano rinforzi.

Il 24 luglio la 9ª divisione aerea americana sganciò 5.000 tonnellate di bombe su un fronte di 8 km a ovest di St Lô. L'ordine di Bradley era di volare paralleli alla strada, ma l'attacco avvenne ad angolo retto. 500 americani furono colpiti da bombe che avevano mancato il bersaglio. L'impatto sullo schieramento tedesco, equipaggiato con i panzer Lehr, ossia quanto ci fosse di meglio in fatto di carri armati, fu enorme. I 40 panzer superstiti furono quasi tutti danneggiati o distrutti. I tedeschi ne rimisero poi in funzione metà, ma stavano esaurendo le risorse. Avanzando sui terreni devastati, anche gli americani crearono un 'bizzarro' tutto loro: il Rhino (rinoceronte). I tedeschi si ritirarono su una linea difensiva più a sud, lasciando indietro gruppetti di truppe scelte per ostacolare l'avanzata americana.

Ma non poteva durare. La difesa tedesca era devastata, divisa in piccoli gruppi sempre più spesso superati e aggirati. Coutances cadde il 28 e colonne di tedeschi in ritirata furono decimate dall'artiglieria e da attacchi aerei. La resistenza si era trasformata in lotta disperata per sfuggire all'avanzata americana. Il bersagliamento sul fianco est da Vire procurò danni, ma non riuscì a far rallentare COBRA.

Il 10 agosto Bradley cedette il comando della 1a armata statunitense al generale di corpo d'armata Hodges diventando comandante in capo di tutte le forze americane, compresa la 3ª armata del generale Patton jr. Con lo sprezzo del pericolo che lo distingueva, Patton, pur esponenendo il fianco agli attacchi da est, puntò rapidamente su Avranches, prese la città il 30 e il giorno dopo aveva già oltrepassato il ponte a Pontaubault, ricacciando indietro nel frattempo la 77ª divisione di fanteria tedesca. Gli si aprivano davanti le strade per la Bretagna, la Loira e la Senna e non perse un attimo a sfruttare la situazione.

SOPRA: Il Rhino (rinoceronte) ovvero la soluzione americana per affrontare il 'bocage'. Fu il commilitone Roberts a dare l'ispirazione al sergente Curtis G. Culin, della 102ª divisione mezzi corazzati da ricognizione, di montare sul carro armato dei denti per sfondare delle aperture nelle siepi. (TM)

A SINISTRA: Operazione BLUECOAT. I carri armati britannici cominciano la lenta avanzata da Caumont verso Vire, Bény-Bocage e il monte Pinçon, alleggerendo la pressione che gravava sugli americani verso ovest. (IWM)

A DESTRA: 7 luglio. Patton sfoggia il revolver con il calcio d'avorio, Bradley l'elmetto, e Montgomery il basco con due distintivi. (IWM)

SOPRA: Il semplice e austero monumento ai caduti della 30ª divisione di fanteria americana in uno spiazzo della pineta sulla collina 317.

SOTTO: La supremazia aerea alleata fu un fattore determinante. Dalle piste provvisorie di atterraggio partivano i Typhoon armati di razzi contro i mezzi di trasporto e i mezzi corazzati tedeschi. (IWM)

l feldmaresciallo von Kluge, succeduto a von Rundstedt e che ora, dopo il ritiro di Rommel era a capo anche del gruppo d'armata B, non potè rifiutare la richiesta di Hitler di lanciare un attacco per spaccare le forze americane alla base della penisola del Cotentin. Dato il crollo delle forze che si trovavano a fronteggiare Patton e il prevedibile imminente schieramento canadese e britannico contro i tedeschi, sarebbe stato più logico ritirarsi su una nuova linea difensiva come la Senna. Ma Hitler non lo avrebbe permesso mai.

La notte del 6 agosto i servizi segreti alleati segnalarono un imminente attacco tedesco a sud di Vire. Bradley lo ritenne un'insperata occasione propizia e lasciò che a sventarlo pensassero le truppe già sulle posizioni, mentre Patton continuava l'avanzata.

Il 47º corpo d'armata panzer, formato da elementi della 2ª e della 17ª divisione panzer SS e della 116ª divisione panzer, da poco in Normandia, sferrò l'attacco a Mortain, la invase con grande rapidità e procedette nell'avanzata: a mezzogiorno del 7 era a 14 km da Avranches. 700 uomini della 30ª divisione di fanteria vennero circondati sulla scoscesa collina 317 a est di Mortain. Chiamati ad arrendersi, si rifiutarono categoricamente più volte, riforniti solo da lanci intermittenti paracadutati e perfino da scorte di medicinali sparategli dall'artiglieria.

L'offensiva si era pian piano calmata e l'8 agosto la potente aviazione alleata con Thunderbolt americani e Typhoon della RAF inflisse gravissime perdite ai tedeschi che furono inesorabilmente ricacciati, lasciandosi alle spalle cumuli di relitti. Hitler fece doppio danno mandando qui la 9ª divisione panzer a farsi decimare e lasciando invece aperta la strada per la Loira a sud.

La notte del 12 agosto gli uomini della 35ª divisione americana liberarono i compagni sulla collina 317: di essi 300 erano morti o feriti. Con la loro eroica resistenza avevano dato una grande prova del valore della fanteria americana.

L'avanzata a sud continuava con lo stesso impeto. Il 12 agosto il generale Leclerc raggiunse Alençon a capo della 2ª divisione corazzata francese, sotto il comando del 15º corpo d'armata americano, mentre la 5ª divisione americana raggiunse Sées. Le forze alleate erano ora direttamente a sud di Le Havre e si stavano formando quelle che per i tedeschi sarebbero state le ganasce di una tagliola. Il problema di Montgomery era di riuscire a valutare l'avanzata a nord rispetto a quella a sud per decidere in che punto doveva far scattare la tagliola. Fece fermare gli americani dove si trovavano per aspettare i canadesi.

opo l'operazione GOODWOOD il fronte orientale era poco a sud di Caen, e veniva mantenuto dai canadesi al comando del generale Crerar. Alle 22 del 7 agosto (l'attacco su Mortain era all'apice dell'intensità) con 400 carri armati, essi, preceduti da una vasta incursione aerea, iniziarono l'avanzata. Le dure lezioni erano servite: la fanteria viaggiava su chiatte semoventi per il trasporto di cannoni che erano state riadattate, le comunicazioni erano migliori, le luci dei riflettori si incrociavano sulle nuvole illuminando la strada. Sapere inoltre che i panzer erano impegnati nell'attacco a Mortain era un bel sollievo.

All'alba avevano già fatto molta strada e l'aviazione si era unita all'azione. Più tardi furono però colpiti da bombe americane e la resistenza si inasprì avendo i tedeschi mandato i superstiti della 12ª divisione panzer di rinforzo. Nella furia dello scontro presso la strada di Falaise morì anche Wittmann, il vincitore di Villers-Bocage. L'azione si protrasse fino a tarda notte, rivelando sempre di più l'inesperienza dei carristi canadesi e polacchi. Il 9 agosto il 28º reggimento corazzato della Columbia Britannica venne sbaragliato sulle colline 140 e 111 nei pressi di Estrées-la-Campagne. Il 10 agosto l'avanzata pian piano si arrestò: mancavano ancora più di 16 chilometri a Falaise.

Con la rapida avanzata degli americani a sud e la presa di Argentan il 13 agosto, dove erano fermi, l'avanzata a nord doveva continuare, per formare l'altra ganascia della tagliola. A mezzogiorno del 14 canadesi e polacchi ripresero la marcia, ma la mancanza di coordinamento fra aviazione e esercito rovinò l'operazione: furono quasi 400 le vittime di bombe sganciate per errore. La sera del 15 gli alleati erano a poco più di un chilometro e mezzo da Falaise. Il grosso piegò a sudest verso Trun e la 2ª divisione di fanteria canadese il 18 entrò in città, liberandola dalle ultime sacche di resistenza.

A ovest i tedeschi si ritiravano incalzati della 2ª armata britannica al comando di Dempsey. Von Kluge ordinò finalmente la ritirata e perciò stesso fu rimpiazzato il giorno dopo dal feldmaresciallo Model. Sulla via del ritorno in Germania Von Kluge si suicidò. Model si assicurò subito di far uscire dalla sacca le unità chiave. La tagliola si stava chiudendo.

SOTTO IL TITOLO:
La campagna aperta e tranquilla che si estende a nord della collina 111, dove è situato il monumento ai caduti della 4ª divisione corazzata canadese. Qui fu stroncata l'operazione TOTALIZE.

QUI SOPRA: Il più temibile carrista tedesco, Michael Wittmann. (B)

A SINISTRA: Il cimitero dei soldati polacchi caduti in Normandia a Grainville-Langannerie, a metà strada fra Caen e Falaise.

La sacca di Falaise

Il fiume Dives, lo stesso fiume che il D-Day aveva formato il fianco orientale dei terreni allagati e che aveva talvolta protetto e talvolta fatto annegare le truppe britanniche aerotrasportate, scende tra alte colline a sud e a est di Falaise. La valle è dominata da un crinale che da Argentan, in mano all' 80ª divisione di fanteria americana, e passando per Bourg-Saint-Leonard, occupata dalla 90ª divisione americana, sale fino a Exmes dove era attestata la 2ª divisione corazzata francese. Verso nord le colline si fanno ancora più alte, consentendo il passaggio su strada soltanto sul crinale o attraverso valli molto strette. All'alba del 18 agosto queste strade per Vimoutiers costituivano l'unico sbocco verso est: erano l'unica via d'uscita per i 100.000 superstiti della 5ª e della 7ª divisione corazzata tedesca.

Da ovest i britannici premevano inesorabilmente, a sud gli americani e i francesi formavano una barriera impenetrabile, da nord si avvicinavano sempre di più i canadesi e i polacchi, mentre dal cielo i Typhoon e gli Spitfire della RAF continuavano a seminare la distruzione. La situazione per i tedeschi era disperata: la scarsità di carburante li costrinse ad

SOPRA: Ridotte al trasporto con i cavalli le truppe tedesche nella sacca di Falaise furono un facile bersaglio per gli aerei alleati. (IWM)

A SINISTRA: Al di là dei frutteti tranquilli si vedono i tetti e la chiesa di Saint-Lambert-sur-Dive. Un'auto si avvicina al ponte che fu teatro dell'inferno dell'agosto 1944.

A DESTRA: Il carro tedesco Tiger era superiore per potenza e velocità a qualunque altro mezzo di cui potessero disporre gli alleati. Questo esemplare si trova a est di Vimoutiers.

abbandonare i mezzi e a muoversi con i cavalli o in marcia forzata. Non rimaneva loro altra scelta: o la fuga o lo sterminio.

I canadesi e i polacchi ricevettero l'ordine di disporsi sulla linea del Dives fra Trun e Chambois, ma i Polacchi capirono male il nome e si ritrovarono a Champeaux, quasi 15 km più a nord. All'alba del 18 agosto, dopo aver saccheggiato il quartier generale della 2a divisione corazzata delle SS, si affrettarono verso sud, imbattendosi nei tedeschi a Coudehard e rifugiandusi sulle alture di Montormel e della collina 262. Si disposero dall'una e dall'altra parte della strada Chambois-Vimoutiers e dall'alto potevano dominare l'intera valle del Dives, ma rimanevano separati dai canadesi dalla piccola valle che va verso Camembert e Vimoutiers, l'ultima via d'uscita.

QUI SOPRA: La lapide che commemora l'eroica resistenza del maggiore D.V. Currie, decorato con la Victoria Cross, e dei suoi uomini a St-Lambert, sulla strada per Trun.

QUI A SINISTRA: Il 19 agosto a Chambois, sullo sfondo della massiccia fortezza del 1100, il capitano Waters del 359° reggimento di fanteria americano e il colonnello Zgorzelski del 10° dragoni polacco si incontrarono e si strinsero la mano. Quando ritornarono il 19 luglio 1965 la città conferì loro la cittadinanza onoraria.

A SINISTRA: Dalla piattaforma di osservazione di Montormel su cui si trova ora il monumento ai caduti, il crinale si allunga verso la collina 262. La zona in cui avvenne la carneficina della sacca di Falaise si trova allo scoperto subito al disotto. Gli ultimi tedeschi che riuscirono a sfuggire passarono a ovest (sulla destra) lungo una stretta valle.

Da Trun il 18 mattina la 4ª divisione corazzata canadese, messe in fuga le ultime SS, si diresse a Saint-Lambert dove i ponti sul Dives restavano passabili. Il maggiore Currie riuscì a occuparla con le sue truppe solo alle 19. E qui resistette saldamente, mantenendo un bersagliamento da soli 400 metri di distanza sulla marea di tedeschi in fuga: fu premiato con la Victoria Cross.

Tutta la notte e il giorno dopo i tedeschi che gremivano la piccola sacca in cerca di vie di scampo lottarono per sopravvivere, sotto accanite incursioni aeree e attacchi di artiglieria. Dall'alto di Montormel i polacchi infuriavano contro gli sterminatori della madrepatria e presto dovettero combattere su due fronti, quando la 2ª divisione panzer SS, sottratta a Vimoutier e riorganizzata, li attaccò da nordest per tenerli isolati.

Alle 19.30 del 19 polacchi e canadesi si riunirono a Chambois. Per tutta la notte un fuoco incessante si riversò sulle truppe in ritirata che cercavano di passare furtivamente sotto la collina 262.

All'alba del 20 il generale Meindl della 2ª divisione paracadutisti riuscì ad aprirsi una strada fra Saint-Lambert e Coudehard, che divenne il corridoio della morte. A tenerla aperta era semplicemente la quantità di tedeschi che sciamavano: difficile dire se fuggissero o attaccassero. Tutto il giorno fu un vero inferno sui ponti di Saint-Lambert mentre grovigli di uomini disperati cercavano di guadare il fiume. I polacchi respinsero gli attacchi e river-

sarono fuoco sulle truppe che ancora uscivano dalla sacca, anche se questo costò loro gravissime perdite. A notte, dei 1.560 uomini sulla collina solo 114 erano ancora idonei all'azione.

Sotto la pioggia del 21 si spensero le ultime raffiche di fuoco. I canadesi e gli uomini sulla collina 262 finalmente si riunirono. La valle del Dives era spaventosa: migliaia di cadaveri fra migliaia di mezzi distrutti.

A mezzogiorno cessò l'ultima resistenza di Saint-Lambert e con la notte si estinsero le schermaglie scoppiate qua e là.

Metà delle truppe tedesche riuscirono a fuggire, quasi tutti i mezzi andarono perduti, 40.000 uomini vennero fatti prigionieri.

Il 25 agosto le truppe alleate facevano il loro ingresso a Parigi.

QUI SOPRA: Quasi immobili nella calura estiva, le bandiere alleate coronano il monumento che commemora il sacrificio dei caduti polacchi a Montormel.